L'EUROPE

ET

NAPOLÉON III

L'EUROPE

ET

NAPOLÉON III

PAR

LE MARQUIS CUNÉO D'ORNANO

PARIS

LIBRAIRIE DE LEDOYEN

GALERIE D'ORLÉANS, 31

(Palais-Royal)

1858

NAPOLÉON III ET L'EUROPE

J'aborde une question qui n'est pas sans difficultés, toute hérissée qu'elle est d'embarras, d'incertitudes et d'entraves de toute nature. C'est un canevas où le tissage n'appartient plus à l'homme, mais à Dieu. On peut, dès lors, appliquer à cette période séculaire que nous parcourons cet adage si connu, cette vérité si incontestée, que l'homme s'agite et Dieu le mène. En effet, que nous présente l'Europe en ce moment, sinon un foyer d'intrigues, de sourdes et fausses menées, de jalousies incessantes, d'antagonismes républicains, démocratiques, absolutistes? C'est un état de paix armée contre les idées, les ambitions, les rivalités, les poignards. Les luttes, sans y être meurtrières, réveillent les haines et les prétentions, irritent l'honneur national de chaque peuple et préparent des germes de discorde qui, comme un feu caché sous la cendre, produiront de terribles étincelles. Ce moment est d'autant plus rapproché qu'il n'y a plus de distinctions marquées, de séparations officielles, entre les parties qui constituent l'univers physique. Les chemins de fer, les paquebots à vapeur, les lignes télégraphiques, ont tellement rapproché les distances qu'il n'y a plus ni pôles, ni antipodes; le seul, l'unique obstacle que le feu voyageur peut rencontrer, est le doigt de Dieu, qui pose un frein à la fureur des mers et anéantit les projets des superbes.

Les souverains de l'Europe s'observent et se toisent sans vouloir la guerre. Ils tourbillonnent autour de traités que chacun voudrait analyser à son gré et adapter à sa politique. Le vaincu de la veille a relevé son drapeau et pèse de nouveau sur les destinées du monde. La France, que le second Empire et la fortune des armes ont replacée sur le plus haut degré de l'échelle des rois et des peuples, attend, l'arme au bras et la main sur les protocoles, qu'une décision européenne soit prise. C'est là le nœud gordien qu'un nouvel Alexandre doit briser sous l'inspiration de celui qui dirige les choses de ce monde, quand elles sont trop compliquées. C'est à Napoléon III, c'est au prince qui a écrasé sous ses pieds l'hydre des révolutions, que ce soin est confié. Les premiers actes de son administration, émanés d'une main d'abord faible, ont grandi avec des événements imprévus, que toute la sagacité humaine n'avait pu prévoir. L'horizon qui se montre à présent à nos yeux plein de nuages nous prédit des événements qu'il n'appartiendra qu'à un génie supérieur, tel que la Providence en envoie, d'en diriger les fils. Nous passerons en revue la position de chaque État devant le siècle qui se déroule.

La France, assise sur des faisceaux de gloire que l'ambition des conquêtes n'a pas tressés, a préludé à ce grand mouvement politique en présidant les divers congrès où tant de divergences d'opinions ont été mises sur le tapis. Cette haute position, que l'assentiment général des nations a cru devoir concéder à la solide et énergique sagesse de Napoléon et à la loyauté du peuple qu'il gouverne, ne doit pas être perdue par trop de condescendance à des souvenirs d'amitié et d'alliance. La politique du cabinet des Tuileries est de retenir à lui tous les ressorts de celle qui se dissémine sur l'Europe, et se converge sur les points du globe où l'action des grandes puissances se fait plus ou moins sentir. L'Empereur et son gouvernement sauront, par une savante direction, arrêter l'anarchie qui détruit, rappeler la victoire qui commande. Cette nouvelle gloire, qui a exhumé les lauriers du premier Empire, tend certainement à offusquer des compétiteurs et des rivaux sur lesquels ils ont été moissonnés. Mais une attitude franche, pacifique et guerrière, maintiendra la France dans cette suprématie qui ne portera ombrage à personne. Sans dicter des lois, son rôle est, à présent, de les faire exécuter dans l'esprit des traités qui lient les trônes et consolident la paix des États.

La guerre d'Orient a démasqué bien des ambitions, nourri bien des projets, réveillé bien des sympathies. L'alliance avec l'Angleterre, ce problème qui a coûté cinq cents ans de guerre, a fait connaître aux deux nations ce qu'il y avait d'étoffe en elles, et ce qu'on pourrait en attendre si la loyauté était égale de part et d'autre, si l'on réduisait à sa juste appréciation l'irritation qui peut naître des diverses phases politiques, si l'on se contentait du triomphe pour jouir des fruits de la victoire; mais, malheureusement, il n'y a nulle sympathie entre les deux peuples. Une politique divergente les pousse de deux côtés opposés, et les Codes séculaires de la vieille Angleterre seront toujours en contraste avec les lois nouvelles qui constitutionalisent l'Europe. L'esprit chevaleresque marche avec les prodiges que l'intelligence humaine, si avancée, enfante. On se voit, on se parle, on traite, avec cette célérité qui enlève tout retard au temps qui fuit, toute force de combinaison au félon qui médite, et l'on est à même de déjouer le machiavélisme qui s'ourdit avant de tirer l'épée qui punit.

L'Angleterre adapte sa politique à ses besoins, à ses intérêts généraux et privés, à son commerce, à son ambition, à ses vues directes et indirectes, enfin à tout ce qui touche à son économie particulière, sans faire la part du juste et de l'injuste. Les trois points capitaux qui enserrent le rouage politique autour duquel l'Europe s'agite aujourd'hui, les Principautés danubiennes, l'Italie, la navigation du Danube, occupent la diplomatie; mais la sagesse des puissances qui interviennent au congrès résoudra, peut-être, dans un sens de paix momentanée, un avenir plein de germes de discorde et d'embarras.

La France est entourée de nations qui possèdent des provinces dont elle était autrefois maîtresse par le droit des conquêtes et la force des traités. Ces époques de gloire, de triomphe et de possession sont tombées avec Napoléon Ier. Il n'en reste qu'un souvenir qui flatte l'amour-propre du peuple français et engendre la méfiance et la crainte dans l'esprit des possesseurs actuels. Mais là n'est point le danger qui menace la tranquillité de l'Europe, parce que la France, grande par la paix, le commerce, l'industrie, les arts, l'amour de ses peuples, la force et la fidélité de ses armées, ne relèvera jamais le gant des batailles. Ce sont les nationalités de races qui en sonneront le tocsin et en allumeront le brandon. L'Italie veut être Italienne, la Hongrie appelle à son aide le slavisme, la Pologne rêve son indépendance, l'Irlande demande la liberté de son culte et l'émancipation de son territoire, la Péninsule scandinave soupire après le temps de son unité, la Confédération germanique revendique des priviléges pour les duchés danois, les provinces danubiennes sollicitent leur union pour former l'ancien État roumain, les Grecs de l'antique Byzance se secouent sous le sceptre musulman, les Monténégrins défendent l'intégrité de leur territoire que le Turc veut envahir, les fiers montagnards du Caucase luttent contre les Russes. On voit que, dans ce tableau de l'état actuel de l'Europe, tous les peuples de races différentes qui l'habitent demandent une centralisation qui donne à chacune d'elles l'homogénéité et l'indépendance ; hors de là, un ver rongeur sapera toujours les fondements de l'édifice politique et en amènera la dissolution. C'est ainsi que les anciens empires des Assyriens, des Mèdes, des Perses, des Grecs, des Romains, ont semé de leurs ruines l'Asie et l'Europe. Voyons à présent ce que la France doit faire, comme elle doit agir pour maintenir toujours à la même hauteur la prépondérance européenne que le génie de son second empereur a su lui reconquérir.

Dans les questions des Principautés et du Monténégro, la France est obligée d'y prendre part, car la loi du plus fort ou du plus ambitieux pourrait bien y planter son drapeau. Trois Etats du premier ordre pressent de tous côtés la Moldavie et la Valachie. Chacun a ses raisons de domination exclusive, ou par droit de conquête, ou par droit de voisinage et de protection, ou par droit de commerce et de convenance. Les conflits y sont imminents, et la paix générale peut être compromise à la simple question de suzeraineté, de protectorat ou d'arbitrage. Il est donc, dès lors, nécessaire que l'Europe entière et la France surtout participent à la reconstruction d'un édifice social et politique que les derniers événements ont disloqué.

Enfin, il y a bien des projets, des contre-projets, sur le sort des Principautés. Tous aboutissent bien à une ombre d'indépendance qui, au lieu d'assurer la paix intérieure de ces contrées, ne ferait que river davantage leurs fers. Avec deux hospodars, un empereur suzerain, un sénat composé de membres sujets à deux maîtres, des ministres qui se jalouseraient ou auraient des préférences divergentes pour les deux nationalités, cet état mixte pourrait-il exister longtemps? Les deux puissances voisines ne laisseront jamais à la Turquie la faculté d'avoir voix délibérative et prépondérante dans les conseils des souverains nommés par elles. Elles ne se dessaisiront pas de leurs protectorats, et, par conséquent, la question ne serait pas résolue et tranchée. L'anarchie y aurait sans cesse son trône de sang, de rapines, de ravages, et le commerce de l'Europe serait anéanti ou au moins entravé dans le Danube et la mer Noire. Avec des princes électifs, il n'y a point de perspective d'un heureux et lointain avenir, car tout reste concentré dans la famille régnante, et le progrès, qui veut de l'air, de l'espace, du bruit et une population intelligente et libre, ne se dilate que dans le palais et ne relève pas la chaumière. Le prince doit être un, et la famille une. Sortie de la classe des citoyens, ce n'est peut-être qu'à la longue qu'elle peut oublier son origine. Mais, avec une Constitution assise sur de larges bases de liberté et de justice, avec sa nationalité, qui la rendra populaire, elle n'aurait aucune ramification au dehors et serait roumaine dans toute la signification du terme. Il faut donc isoler les Principautés réunies de tout contact étranger, mettre le *tabou* sur ses frontières, et ne conserver au sultan que l'hommage qui lui serait dû à chaque avénement, et le tribut qui lui serait payé annuellement comme droit de délivrance du vasselage.

La part de la France, dans cette question moldo-valaque, n'est pas la moins chaleureuse et nécessaire. Quoique éloignée des points en litige, elle y a un intérêt de philanthropie, d'humanité, et plus encore de justice et d'honneur. Le peuple roumain ne veut plus devenir un gage de bataille, un dépôt, une hypothèque, une vente. Il veut se relever à la hauteur, à la dignité d'homme, et ne plus être qualifié de ce titre dégradant de *rayas* que la loi mahométane assimile aux parias de l'Inde. Il a tout ce qu'il faut pour prendre place dans la société européenne. Le congrès de Paris lui a promis l'indépendance et l'union que sa majorité a proclamées devant les commissaires délégués pour en sanctionner la vérité et l'évidence. Un seul Dieu, un seul roi, une seule administration, voilà le vœu de ces populations danubiennes, qui en appellent à la magnanimité de la France et de la Russie, qui, seules, ont compris leurs besoins. La Roumanie doit déployer son drapeau dans des contrées ouvertes dorénavant au commerce de l'Europe, que seule elle pourra protéger et défendre. Une dynastie de plus ferait partie de la grande famille des têtes couronnées, et contribuerait à l'équilibre général. La suzeraineté turque serait purement nominale et n'aboutirait qu'à un tribut et à un hommage lige, ordre de choses cependant qui n'entre plus dans les idées politiques de notre siècle, qui ne connaît que deux classes : les gouvernants et les gouvernés. Ce petit Etat, ouvert au commerce du monde, deviendra un boulevard infranchissable aux velléités guerrières et ambitieuses des trois puissances qui l'entourent, quand l'Europe en aura reconnu et garanti l'indépendance avec la neutralité. Ses richesses territoriales prendront leur essor au dehors de ses limites, et la France, en lui accordant sa protection et son amitié, aura obtenu la plus belle conquête par la plus noble conduite.

La navigation libre du Danube est un corollaire de la

question des Principautés. La Moldo-Valachie, délivrée des entraves que ses suzerains et ses protecteurs avaient mises à la circulation des navires étrangers, inaugurera l'entrée de ce beau fleuve. Les Etats riverains qui le longent ne pourront se priver des avantages du commerce, qui donne la vie et la richesse aux nations. L'Orient et l'Occident s'y tendront une main amie, et toutes les barrières que les droits fiscaux, la jalousie du parcours, les compétences locales, les priviléges des ports, avaient amoncelés à chaque pas, tomberont devant la volonté ferme, énergique et philanthropique des puissances signataires du traité de Paris. L'indépendance des Principautés exige la liberté du Danube, et la France, à la tête de la civilisation européenne, ne peut pas reculer devant un tel principe. D'ailleurs, c'est le système que le prince Louis-Napoléon Bonaparte a émis dans ses idées napoléoniennes, et que, monté sur le trône de son oncle, il a mis en pratique. L'idée napoléonienne n'est point une politique guerrière, mais humanitaire, sociale, industrielle, commerciale. Elle a paru, pour quelques-uns, rêver de batailles, parce qu'elle était née au milieu de la fumée des canons et de la poussière des bataillons. Mais à présent ces nuages se sont dissipés, et on attend une gloire bien plus grande et bien plus durable des rapports pacifiques des citoyens à travers la gloire militaire. Voilà donc la politique que Napoléon III a inaugurée à son avénement. Il y a réussi avec d'autant plus de bonheur qu'il a su faire abstraction des sentiments de haine et de vengeance nourris par ses concitoyens, aujourd'hui ses sujets, contre l'Angleterre, geôlière de Napoléon Ier, en s'unissant à cette puissance, qui paraît vouloir marcher avec lui à la réalisation de la paix générale. Cette paix s'obtiendra avec d'immenses sacrifices et de grandes abnégations. Conquise après une guerre longue et sanglante que la nécessité de la position avait fait naître, la France et son souverain doivent prouver qu'ils sont conséquents dans un tel système, sans nuire ni compromettre leur nouvelle gloire de pacification et les intérêts de l'Europe et du monde.

Ce n'est pas une tâche très facile de conduire à bonne fin tout ce qui remplit l'Europe de troubles et de discordes. Il est très difficile de traîner la Grande-Bretagne à la remorque d'une cause où plus l'intérêt général que le sien propre est en jeu. L'alliance anglo-française pèserait avec force sur les résolutions des puissances occidentales, et elle résoudrait un problème resté jusqu'à présent insoluble. Mais les actes émanés des Parlements britanniques, où de nombreuses dissidences font naître des revirements politiques qui renversent les ministères et en changent souvent le programme, mettent en péril cette alliance, cimentée par le plus noble sang de leurs armées. La France sera loyale, parce qu'elle a un souverain qui gouverne et veut l'être, des Chambres qui se respectent, un peuple qui tient à l'honneur, tout en recherchant la gloire. Malheureusement, la confiance dans des relations si bien commencées n'est pas pleine et entière : le léopard craint toujours l'aigle, qui, calme et impassible dans son aire, surveille et observe tout sans sourciller, ni offenser, ni craindre.

La crainte, d'ailleurs, n'entre point dans le cœur de l'homme qui veut marcher droit dans le sentier de l'honneur et de la justice ; mais elle préoccupe et envahit celui qui médite, dans le silence du cabinet, des actes arbitraires et intéressés. L'Angleterre pourrait bien avoir la volonté de vivre en paix avec son puissant voisin ; sa position actuelle devrait lui en faire un devoir et une nécessité, si cet orgueil britannique et cet esprit mercantile, qui n'ont point changé de nature depuis le Prince Noir, ne venaient s'interposer entre les questions politiques du jour. La guerre, en Crimée, a rendu les Anglais souples avec les Français, parce qu'il s'agissait, pour eux, du commerce de la mer Noire, qui pouvait leur échapper ; de la destruction de la flotte russe, qui leur inspirait des craintes, et de la sûreté de leurs royaumes des Indes, que le Moscovite, vainqueur, pouvait menacer avec plus d'avantages. La France, au contraire, toujours chevaleresque, n'y avait d'autres vues, d'autres ambitions, que celles de sauver d'une ruine certaine une ancienne monarchie qui implorait son secours contre un ennemi puissant qui voulait l'anéantir, et ouvrir au commerce européen une mer longtemps esclave des peuples qui la circonscrivent.

Ce but a été atteint, la mission de la France avait eu son terme, et le génie investigateur de Napoléon III ne recherchait plus que la paix, à la première occasion qui s'offrirait. Elle se présenta, en effet, à l'honneur de la France victorieuse, qui en nourrissait le désir ; à l'honneur de la Russie vaincue, et encore forte dans sa défaite, qui la désirait. Mais l'Angleterre n'avait pas encore, comme son alliée, accompli la mission qu'elle s'était proposée. Elle voulait, à tout prix, l'anéantissement des flottes russes et la ruine de ses places commerçantes. Elle aurait continué une guerre où tout l'avantage était pour sa politique, tous les sacrifices de sang et d'argent pour la France. Elle avait échoué à Cronstad malgré ses bombardes monstres, organisées et armées à grands frais. Il lui fallait une revanche, une vengeance. Le bon sens de Napoléon, qui calculait déjà le besoin d'un avenir maritime pour son pays, et d'une alliance nécessaire pour des éventualités probables, écouta plutôt la voix qui lui disait : Arrête! que celle qui lui criait : Marche! La paix fut signée, la flotte russe de la Baltique, sauvée, et le monde applaudissait à ce grand acte de pacification. On en reconnaît, aujourd'hui, la justesse et l'à-propos. La même cause qui avait mis les armes à la main au monarque français pour sauver un empire croulant des mains de la Russie va se présenter de nouveau pour assurer le commerce du monde, menacé par l'occupation de l'île de Perim, de la part de l'Angleterre.

Cette question, de nature si litigieuse, n'est pas encore si urgente pour être traitée immédiatement, tant que le percement de l'isthme de Suez n'aura pas été effectué. Mais, comme c'est un point stratégique d'où peuvent résulter, par la suite, d'immenses difficultés de la part de l'Europe commerciale contre le futur gardien de la mer Rouge, il n'est pas hors de propos d'en parler ici. Partout où le commerce des nations prend son essor, l'Angleterre veut en devenir le régulateur et le maître. C'est une espèce d'ostracisme lancé aux nations par la reine des mers, qui veut, à elle seule, le monopole de toutes les ressources de l'univers. Cependant, la liberté du commerce est de droit commun sur la mer Rouge comme sur le Danube et la mer Noire, la Méditerranée et les Océans, et partout où des grands cours d'eau baignent plusieurs Etats souverains. Considérant cette communication des deux mers comme une menace contre ses possessions de l'Indoustan, l'Angleterre combat par tous les moyens licites et illicites le projet Lesseps, que l'Europe entière a sanctionné par son vote, ses hommes d'art et son argent. La Turquie, qui a perdu toute sa force d'énergie, et qui marche à la remorque de la politique anglaise, a refusé, jusqu'à ce jour, le firman demandé par la société appuyée par le vice-roi. Mais le mouvement européen est si violent, le cri d'indignation si menaçant, que le sultan est forcé d'accorder tacitement ce que les exigences qui l'étreignent lui ordonnent de refuser ouvertement; et l'Angleterre, qui ne veut pas s'avouer pour vaincue, a jeté ses soldats et ses canons sur un îlot sans culture et sans eau. Napoléon III, dont la politique, comme nous l'avons dit, n'est pas guerroyante, ne reculera cependant pas devant les difficultés qui surgissent loin de son empire; et, dans l'intérêt général des nations qui se reposent sur sa loyauté et sa prépondérance dans les conseils des gouvernants, il obtiendra la plus belle conquête qu'un souverain puisse désirer : la reconnaissance de l'Europe acquise par la justice, l'abnégation et la force morale.

La diplomatie française a un grand rôle à remplir sur ce théâtre si mouvant et si dramatique du monde, et dont la scène veut un dénoûment de paix. Après avoir traité succinctement des questions orientales, sur lesquelles nous retournerons encore, portons nos regards vers le Midi et l'Occident. Là se trouvent les nationalités qui revendiquent leurs droits et leur indépendance. L'Italie, sous le fer des Germains, déplore son antique grandeur et la perte de son vieux drapeau. Elle repose sur des volcans qui déciment très souvent sa population et empêchent la marche du progrès. Le caractère de ses peuples s'abrutit et la rend un objet de crainte pour les souverains qui la maîtrisent. On n'y parle que de poignards, d'émeutes, de révolutions. Ce sont les armes des faibles contre les forts, des opprimés contre les oppresseurs; ce qui rendra la domination autrichienne toujours précaire, toujours incertaine, toujours inquiète, et la vie des souverains étrangers et voisins, qui ne veulent point pactiser avec le désordre et la démagogie, toujours en danger. Les baïonnettes seules maintiendront l'Italie soumise, mais non domptée. Le moindre éveil enfante l'anarchie et émeut l'Europe par ce sentiment de compassion qu'on ressent pour les grandes infortunes. Le Piémont et Naples ont seuls des dynasties concitoyennes, et la paix n'y est point troublée par les mêmes causes qui agitent le Lombardo-Vénitien. La France, qui n'en est séparée que par les Alpes, ne peut rester oisive et muette devant les événements qui peuvent y surgir, sans compromettre sa propre tranquillité intérieure. En Orient, elle n'a que l'intérêt général à défendre ; en Italie, c'est le sien particulier. Sa marche à suivre est dictée par celle que l'Autriche prendra dans ces possessions qui lui sont si peu affectionnées. De tout temps, la France et l'Empire ont eu des démêlés en Italie, des combats à y livrer, des échecs à y subir, comme des victoires à y compter. Toujours théâtre de guerres, conquise, assujettie au joug et jamais soumise, elle rêve à son unité et à sa régénération sociale. Elle a tout pour devenir une nation du premier ordre, excepté la fortune qui l'abandonne et ce moment d'à-propos qui fait les rois.

Les Italiens, en tout temps, ont aimé les Français, plus par similitude de caractère, d'opinions, de langage, de convenances sociales, que par l'espoir de trouver en eux des amis dévoués et des défenseurs. Rêvant sans cesse à leur régénération politique, profitant de toutes les occasions pour l'obtenir, et notamment en 1848, l'Italie ne cessera d'être anarchique, parce qu'elle n'a point un lien d'union, de concentration, une même et unique salle d'armes, enfin, où l'on puisse s'armer pour voler au combat, où il n'y a point de chef unique qui en ordonne la distribution, et sache, comme Washington, apprendre à vaincre ou à mourir et à savoir se dessaisir du pouvoir quand la victoire aura couronné sa mission.

« Amiamo gli Francesi, mà non il loro governo, sog-
« getto à cambiamenti politici tali che gli uni ci chiamano all'
« armi, gli altri ci abbandonano in mezzo ai pericoli. » Nous aimons les Français, mais non leur gouvernement, sujet à des revirements politiques tels que les uns nous appellent aux armes, les autres nous abandonnent au milieu des dangers.—Telle est l'opinion des Italiens à l'égard des Français, opinion erronée quant au fond, mais vraie dans la substance. Ce qui démontre qu'un gouvernement stable, fort et juste comme celui dirigé par Napoléon III, peut ramener les habitants de la Péninsule italique à des sentiments moins douteux d'affection, non pour les soulever contre leur prince, mais pour s'interposer en leur faveur dans les prises d'armes qu'il n'aura pas provoquées.

Le Piémont, sentinelle avancée de l'émancipation italienne, seul débris libre encore de la levée de boucliers de 1848, réveille sans cesse et conserve dans les cœurs de ses conationaux un espoir pour l'avenir. Mais son roi, son ministère et ses Chambres, instruits par les revers, ont pris une place honorable dans les conseils des souverains, et combattent avec les armes de la vraie liberté les meneurs d'une secte occulte, mais formidable, qui remplit de ses adeptes et de ses sicaires le Piémont, le Milanais, le Vénitien, Rome et Naples. Napoléon III, tout en conservant les sympathies de Louis-Napoléon pour l'Italie, se doit à la France, dont il dirige la politique de paix qu'il a inaugurée à son avénement au trône. Il ne faillira pas à ce mandat, et sera constamment l'ami de Victor-Emmanuel, qui marche avec ses principes.

Les événements de la Péninsule s'avancent avec tant de célérité, les causes de discorde s'accumulent avec tant de difficultés à surmonter et de questions préalables à résoudre, les partis occultes s'agitent avec tant de violence, qu'une éruption est imminente. Comment se résoudra-t-elle?

Il n'y aura de repos et de calme dans l'Europe méridionale que lorsque l'Italie possédera son drapeau et ses rois. La France, dès lors, ne peut désarmer sur ses frontières, pour être prête à toutes éventualités; ni abandonner l'occupation de Rome et de Civita-Vecchia, pour s'opposer à cette démagogie occulte, toujours funeste à la vraie liberté, et qui tend à renverser le souverain pontife, qui est et ne cessera d'être le pivot autour duquel se concentrent les destinées de l'Italie. Le chef du catholicisme ne doit pas être assis sur un simple trône d'évêque, il lui faut une indépendance matérielle et non hypothétique. Il doit régner avec une autorité qui l'affranchisse de toute sujétion, et le rende le frère et l'égal des têtes couronnées qui se sont partagé l'Europe et le monde chrétien. Ainsi, Rome libre et indépendante est nécessaire à la paix de l'Italie, et son roi, comme les autres souverains de la Péninsule, doit donner à la partie qui lui obéit ces institutions libérales que le XIXe siècle réclame et que même la religion commande, seules garanties aujourd'hui de paix et de grandeur. Napoléon III, fils aîné de l'Église, saura, comme Charlemagne, non augmenter le domaine ecclésiastique, mais lui assurer le libre exercice du culte et de la puissance territoriale.

La question napolitaine est en dehors de ces positions italiennes. Ce royaume a son roi national; il ne lui manque

que ces organisations libérales qui le mettent au niveau des autres États. Ferdinand II, dans les circonstances critiques où la Péninsule s'est trouvée dans ces derniers temps, a déployé une énergie sans pareille qui lui a conservé son trône et son indépendance. Il a lutté avec l'anarchie qui voulait le détrôner, et a dû agir comme tout souverain de l'Europe l'aurait fait en semblable position. Il a soutenu intacte la dignité de sa couronne, et devant des sujets révoltés qui avaient attenté à sa vie, et devant des États puissants qui voulaient lui imposer des devoirs et des conditions. Il a seulement porté trop loin l'idée de vengeance qui le dominait, et s'est attiré la réprobation de la France, émue par esprit de commissération, et de l'Angleterre même, qui, au milieu de ses intérêts privés et de sa politique absorbante, n'est pas insensible aux malheurs. Naples n'aura jamais d'autre action en Italie que celle de l'isolement auquel le condamne l'État pontifical, naturellement et politiquement neutre. Son roi n'aura à combattre que des partis nés dans son sein, et qu'il domptera facilement, parce que la masse de ses sujets sera sans cesse contraire à toute agression hostile.

La mer Adriatique, qu'on peut considérer comme un lac autrichien à cause de l'étendue des côtes et de la prééminence que l'Autriche y possède, ne renferme d'autre action pour la France que le maintien de l'indépendance du Monténégro. Ce petit État, exposé aux prétentions de souveraineté de la Turquie sur elle, aux empiétements sans cesse renaissants de la Russie et de l'Autriche sur son gouvernement semi-religieux, est devenu aujourd'hui de raison européenne.

Une armée musulmane veut l'asservir et lui imposer ses lois. Il en appelle à la France et à la Conférence. Sa voix a été entendue et une interpellation en sa faveur faite au sultan. Cependant, les Monténégrins n'ont pas attendu que les effets suivissent l'appel. Attaqués par les Turcs, ils ont pris les armes pour sauvegarder leurs droits, leurs priviléges. La victoire a couronné la bonne cause, et le croissant s'est éliminé devant la croix. Cet état de choses ne peut rester en suspens devant la croisade des peuples, qui veulent le maintien de la liberté des faibles en butte à l'ambition des forts. Le progrès, qui court en Europe sur les chemins de fer, les lignes télégraphiques, les paquebots à vapeur, fera tomber ces derniers efforts d'une barbarie inféodée encore dans le Code turc.

L'Espagne, qui termine l'Europe au midi et à l'ouest, est, comme Naples, isolée dans son pourtour, et ne peut jouer un rôle politique qui puisse en imposer à l'Europe. Ses révolutions intimes se font, chez elle, sans tambour ni trompette. Tout s'y opère en famille, sans recourir ni à l'or, ni aux soldats, ni au concours forcé de son puissant voisin. La France sera toujours une amie pour l'Espagne, plutôt qu'une ennemie. C'est leur intérêt commun, et les Pyrénées ne forment entre elles qu'une simple frontière qu'une invasion, provoquée par des alliances étrangères, pourrait seule franchir.

L'Autriche tient une position assez équivoque, vis-à-vis de la France et de l'Europe, dans les questions qui sont aujourd'hui à l'ordre du jour : Monténégro, navigation du Danube, Principautés. Les oppositions systématiques de cette haute puissance contractante peuvent susciter bien des difficultés au moment d'arriver à quelque heureux résultat pour consolider un état de paix générale assez douteux. L'empereur Napoléon III a trop de perspicacité pour ne

point tenir son gouvernement en éveil devant les machiavé-
lismes qui s'ourdissent. L'Autriche, qui craint pour l'Italie,
voudrait fixer toute l'attention des Français en Orient, et y
accumuler des embarras et même des craintes sérieuses.
Mais la foi des traités qui lient une partie des puissances à
la France déjouera toutes les machinations, d'autant plus
que celle-ci n'y a aucun intérêt matériel, et ne veut qu'ef-
fectuer ce qui a été signé collectivement. Unie à la Turquie
dissidente dans les questions qui s'agitent aujourd'hui,
l'Autriche n'étudie que la large part qui lui en reviendrait
si tout se combinait à la satisfaction de la Porte. La Moldavie, la Valachie, obéissant comme vassaux à l'autorité de
celle-ci, échapperaient au contrôle de l'Europe occidentale,
qui veut un poste avancé vers l'Orient. La faiblesse de l'empire ottoman, qui n'a qu'un campement dans les contrées
qu'il occupe, ne peut assurer la stabilité de la chose politique. La libre navigation du Danube ne serait plus qu'idéale,
puisque les Autrichiens en auraient le monopole par le grand
nombre des ports qu'ils y acquerraient en union avec le
croissant, que l'aigle germanique couvrirait de sa protection. La Turquie croit plus que jamais avoir besoin de l'a-
mitié de l'Autriche, qui l'avoisine. Sa population grecque
est, comme l'italienne, difficile à maintenir sous le joug,
et, la cause étant identique, les intérêts doivent être com-
muns, puisque la Russie est l'espoir des Grecs et la France
des Italiens. Cet état de choses tiendra toujours la Turquie
et l'Autriche dans un dédale dont elles trouveront difficile-
ment l'issue. La France, qui respecte les traités, n'inter-
viendra jamais dans les démêlés des princes et des sujets,
s'ils ne sortent pas des bornes des localités; mais la Russie,
qui nourrit toujours le rêve de Catherine II, ne cessera

d'avoir des prétextes d'intervention en faveur des Grecs, sous le rapport religieux, comme coreligionnaire et chef de leur culte.

C'est là que réside le plus grand danger pour le maintien de la paix européenne, et que la Turquie a besoin des secours de toutes les puissances, et non de l'Autriche seule. C'est l'unique sauvegarde dont elle a éprouvé l'efficacité dans la dernière et terrible lutte que la France et l'Angleterre ont soutenue pour elle. Il est de la politique de l'Europe que le czar n'intervienne jamais à main armée dans les querelles du sultan avec ses sujets grecs, et il est de celle de la Turquie de ne point envenimer sa position vis-à-vis de ceux-ci par des excès de cruauté et d'outrages qui feraient frémir l'humanité. Alors, ce que le droit des nations rejetterait, celui de la chrétienté l'ordonnerait, et viendrait en aide aux victimes des persécutions. Le royaume actuel de la Grèce a été décrété sur le sang qui inondait le Péloponèse.

La Russie se montre, sur les confins de l'Europe, occupée à cicatriser ses plaies, à remonter le moral de ses peuples, à faire oublier la défaite pour reconquérir la victoire. Elle appelle à la liberté ses serfs pour consolider sa couronne, et ôter à sa haute aristocratie la souveraineté sur ses possessions territoriales. Cette puissance n'a point de rôle défensif à jouer. Vulnérable seulement au sud de son empire, il y a des déserts qui l'entourent, des peuplades et des hordes demi-barbares qui les habitent. Elle ne rêve que l'antique Byzance, où le vieux drapeau de Constantin doit être un jour déployé par les czars. Dès lors, toute sa politique est de conserver une puissante influence dans l'Europe centrale par des alliances avec des cours secondaires. Par l'occupation de la Pologne, elle y a mis un pied qu'elle ne peut avancer sans se heurter avec l'Autriche et la Prusse, qui sont ainsi devenues des avant-gardes contre le Nord. La rivalité qui existe entre ces deux dernières puissances, pour la prépondérance sur la Confédération germanique, est une arme que la Russie pourrait exploiter en beaucoup de circonstances si le besoin de sa politique l'exigeait. Mais, assez grande en Europe, elle n'a qu'à y faire grandir cette influence dont nous avons parlé. Alexandre II, appelé par la Providence à continuer la régénération de son peuple commencée par Pierre le Grand, a déjà posé les fondements d'une civilisation avancée et d'une organisation administrative, que ses voyages, ses études et son génie contemplatif et sévère lui ont fait concevoir. Sa haute noblesse paraît l'aider et l'imiter dans ses idées d'amélioration sociale, financière et libérale. Les vieux boyards et le peuple s'élanceront dans la voie nouvelle, et l'avenir trouvera en la Russie une puissance qui, aussi riche que formidable, pèsera de toute la force de son ascendant sur les résolutions européennes. Les deux empereurs du Midi et du Nord doivent se tendre une main amie, parce que là où se trouve la force naît l'ambition, et, de celle-ci ainsi contre-balancée, la paix peut être assurée sur les surfaces qui les séparent. Ainsi la seule crainte que Napoléon III doit concevoir de son émule Alexandre II est dans l'Orient, d'où le Russe peut frapper l'Occident et la France.

La Prusse n'a qu'une politique conservatrice entre les colosses qui la pressent. Elle n'est pas, comme eux, disposée aux conquêtes et aux agrandissements, qu'elle ne peut obtenir que par des traités. Les provinces rhénanes, que 1815 lui a concédées, pourraient lui échapper un jour, et ce que des traités lui ont donné, d'autres traités lui enlèveraient. La Prusse doit désirer la paix plus que tout autre Etat, et la politique de Napoléon III ne sera jamais celle d'enlever des fleurons à sa couronne. Son unique ressource est de s'appuyer sur la Russie, en cas d'une conflagration avec l'Autriche et la France. C'est pourquoi les alliances de famille sont fréquentes entre les deux cours.

La paix armée est une mine sourde qui menace à chaque instant d'éclater. Elle fatigue les peuples, fait naître des défiances, réveille des ambitions, donne naissance aux intrigues des cabinets, où l'honneur et la loyauté succombent sous l'action des intérêts privés, toujours en opposition avec l'intérêt général et le droit public des nations. C'est la position où se trouve l'Europe actuellement, et que la France doit surveiller avec cette sagacité que lui imprime sa force, en opposant la droiture à l'astuce, la vérité au mensonge, la raison à la menace et la foi des traités à l'oubli des convenances politiques. Les tergiversations de l'Angleterre et la duplicité de l'Autriche exploitent la faiblesse de la Turquie en voulant mettre celle-ci hors du concert européen, qui veut qu'elle soit forte, libre, indépendante. Le Divan, tenu à la remorque de ces deux puissances, ne peut agir que par leurs inspirations, et compromet ainsi son existence, sa grandeur et sa gloire, que les siècles passés ont sanctionnées, et que le siècle qui court tend à avilir et à renverser. En effet, la Turquie n'est plus qu'une ombre d'elle-même; son antique prestige est tombé avec sa force et sa puissance; ses peuples chrétiens, soumis par le glaive, en appellent à leur religion, qui prêche la tolérance, l'égalité devant la loi et une sage liberté dans les transactions de la vie. La civilisation, qui marche au pas de course en Europe, n'a pu encore régénérer le vieux levain turc qui avait nourri un colosse, et qui n'entretient plus qu'un pygmée ; et ce pygmée pourrait se relever encore , s'il sortait de ses vieilles erreurs et de ses anciennes routines. Mais une partie de l'Europe est intéressée à le trouver faible , une autre à le maintenir fort. De là cet antagonisme qui travaille les cabinets européens et tient en éveil leur politique. C'est ce qui pourrait consolider encore le campement séculaire des Turcs en Orient, jusqu'à ce qu'une avalanche des peuples armés de la croix vienne les rejeter au delà du Bosphore et réhabiliter le trône de Constantin. L'équilibre européen est aujourd'hui la seule force morale qui les soutient, et que le Gouvernement français surtout ne doit pas laisser entamer.

La Russie a plus appris dans la catastrophe de Sébastopol, qui lui a été si fatale, que l'Angleterre, qui en est sortie victorieuse avec l'aide de la France. Sa défaite a été pour elle une école où elle a étudié la victoire, comme Pultawa pour Pierre le Grand. Alexandre II , comme son grand-aïeul, a connu les vices de son organisation militaire et les vieux errements de son système administratif et civil. Il y a vu que le moral de ses soldats n'était pas à l'unisson de leur physique, et qu'il leur faut en outre l'intelligence, le coup d'œil, l'à-propos, si nécessaires dans toutes les circonstances de la vie. L'éducation est une seconde nature qui modifie la matérialité de la première, que l'esclavage et le servage maintiennent toujours dans un état de torpeur et d'indifférence. Le czar, marchant sur les traces de Pierre, a puisé dans la nouvelle société européenne ces idées civilisatrices qui n'existaient point dans le siècle dernier. Il a parcouru l'Europe en véritable touriste qui n'observe pas seulement avec les yeux du corps, mais avec ceux de cette haute intelligence qui n'est donnée qu'à ces hommes supérieurs que la Providence envoie pour le bonheur et l'instruction des peuples. L'émancipation des serfs est un acte d'immense moralité qui régénérera le peuple russe et préparera l'avenir d'hommes perdus dans les glaces du pôle. La réorganisation des ministères, dont les titulaires n'étaient jusqu'à présent que des commis de haute volée, et devenus, par le nouvel ukase impérial, véritablement chefs de leurs départements; l'instruction publique répandue parmi toutes les classes de cet immense empire, sous toutes les formes, d'écoles primaires, secondaires, de colléges, d'université; la liberté religieuse accordée à tous les cultes; les arts, le commerce et l'industrie encouragés, et parcourant sans entraves ce sol longtemps abrupte et sauvage, par l'ouverture des canaux, des chemins de fer et les communications électriques : voilà les premiers dons de joyeux avénement qui donneront à Alexandre II ce que tout monarque doit envier, l'amour d'un peuple régénéré et l'auréole de la postérité.

Nous nous sommes étendu davantage sur la position actuelle de la Russie, parce que le rôle de cette puissance sur la scène du monde augmentera d'importance avec le progrès moral et intellectuel. La politique européenne la comptera plus que jamais parmi les plus habiles et puissants coopérateurs, et son glaive pourrait peser avec la même prépondérance que celui de Camille dans le plateau des Gaulois. La France, qui n'aura jamais de questions territoriales avec elle, ne sera en jeu que par ces soubresauts que des événements fortuits font souvent naître parmi les membres des grandes familles couronnées; mais Napoléon III, avec la tactique gouvernementale qu'il a adoptée, saura se conserver ami celui qu'il ne craint pas ennemi, et laisser à ses successeurs le même système et la même force.

Je résumerai, enfin, cet aperçu par de simples et génuines observations. La France doit conserver son alliance anglaise, avec cette prudente défiance qu'il convient d'avoir devant des assemblées qui gouvernent et avec cette noble fierté qui impose aux majorités qui agissent. Ses rapports avec la Russie seront calculés selon l'attitude de celle-ci vis-à-vis de l'empire ottoman et ses liaisons plus ou moins intimes avec les puissances de l'Europe.

Toujours défiante, sans cesse craintive, indécise dans ses résolutions, mais opiniâtre dans leur adoption, agissant lentement et sous le voile du mystère, qu'elle déchire froidement quand son but est atteint ou connu, l'Autriche tiendra constamment la France en éveil. Cette monarchie est dans une position à craindre toutes les grandes puissances qui l'entourent et toutes les nationalités qui lui obéissent. Aussi, tant à l'intérieur qu'à l'extérieur, doit-elle se créer un système politique et conservateur qui puisse faire face à toutes les éventualités, et louvoyer, comme un navire sur une mer orageuse et inconnue, au milieu des commotions de l'Europe. L'Angleterre marche hardiment et astucieusement à l'empire du commerce, et à profiter, dans son intérêt particulier, de toutes les désunions, de toutes les révolutions, de toutes les émeutes, qui bouleversent où déciment le monde. L'Autriche, sans étendre si loin et avec tant de soin ses ramifications, cherche à conserver son enjeu sans le compromettre ni le perdre, à prendre place sur le tapis où la fortune paraît se fixer, où les convenances du jeu lui commandent d'agir.

La Turquie déploie sa diplomatie dans un cercle vicieux. Une chute amène toujours une autre chute, et la Porte, dans ces essais dangereux, y engagera son honneur, sa gloire et son existence. A peine délivrée d'une guerre dont elle n'est sortie victorieuse que par l'aide des puissances occidentales, elle recule devant la victoire pour se jeter dans les bras d'une nation qui veut, pour elle seule, en recueillir les fruits. S'il nous était permis de sonder ce vaste champ de conjectures sur la politique suivie par l'Autriche et la Turquie, à laquelle la Grande-Bretagne paraît aussi vouloir se rallier, nous aurions bien des velléités de croire à une entente secrète dont l'empire ottoman serait la victime. Ne pourraient-elles pas, l'Autriche et l'Angleterre, jouer sous main la Turquie pour lui faire commettre des fautes de plus en plus graves, lui attirer ainsi l'animadversion des puissances et la mettre au ban de l'Europe? Ses populations chrétiennes, fatiguées d'une tyrannie que le fanatisme musulman rend pesante et cruelle, se soulèvent de toutes parts; la dette publique pèse comme une enclume sur les ressorts qui meuvent le gouvernement; les lois sont impuissantes devant la volonté liberticide des pachas; l'armée est démoralisée et fanatisée; le ministère n'a point de fixité, ni dans son maintien, ni dans son programme; tout est étiolé dans les masses, excepté la cour, qui voudrait s'avancer dans le progrès, et ne trouve que de la boue, du sang et de la fange, qui arrêtent à chaque instant ses pas. Telle est la Turquie! et voilà ses amis qui lui disent : « Marche! marche! » et la poussent dans l'abîme pour prendre sa place, et reconstituer, par des partages, un nouvel empire et d'autres États. La Pologne est tombée sous les vices de son oligarchie, qui la dévorait; la Turquie tombera sous le poids de son ancienne grandeur, qui se réveille, comme d'une léthargie, du sommeil de mort où sa faiblesse actuelle l'avait plongée.

La France, calme au milieu de ces éventualités qui se

jouent en Orient, doit assurer ses ports et ses frontières, et donner à sa politique, avec la fierté du lion, la circonspection et le regard de l'aigle. Tout paraît vouloir la paix, et tout tend à la guerre. Mais, si malheureusement une collision générale venait à éclater, la France et son souverain se trouvent dans une position à ne pas la craindre. Napoléon III, élevé sur le pavois par huit millions de votes, a vu et verrait encore sa popularité augmenter avec les dangers d'une guerre étrangère, qu'il ne provoquera jamais. Neveu et successeur du grand homme, il n'oubliera pas son origine et sa mission. Il a inauguré une ère de paix qu'il soutiendra, sans faiblir, dans sa politique vis-à-vis de ses amis et ses ennemis. Quant aux partis qui s'agitent toujours intérieurement dans les grandes monarchies, son énergie, secondée par l'opinion publique, les a réduits au néant. En effet, quelles pourraient être les craintes à redouter pour la stabilité de son trône?

Le Sénat ! ce premier corps de l'État, est, il est vrai, composé de toutes les opinions politiques qui divisent les Français entre eux; mais ce mélange n'a rien de vicieux, parce que tous les membres sont nourris d'une seule et même idée : celle de s'opposer aux excès de la démagogie et de conserver au pouvoir le prince qui l'a combattue. Dès lors, ces divergences font la force morale de celui qui a su si habilement les établir. Un seul cas, à notre avis, pourrait atténuer ce système de bascule : celui d'une opposition quelconque que des circonstances pourraient faire naître. Comme l'élément napoléonien, qui doit être le pivot de l'autorité gouvernementale actuelle, pourrait, peut-être, être en minorité, par rapport à l'union de tous les autres en un seul faisceau, il pourrait en naître des résultats pénibles, comme l'expérience l'a démontré dans toutes les représentations nationales qui ont défilé sous nos yeux dans l'espace de peu d'années. Mais des Français, fidèles jusqu'au dernier moment aux gouvernements tombés, en respectant la religion du serment, ne manqueront jamais à ces nobles sentiments que la patrie leur impose, et feront taire leurs opinions passées en servant l'opinion régnante avec la même fidélité, parce que la loi qui commande est le palladium de l'État.

Napoléon, marchant avec la légalité, qui l'identifiera complétement avec son pays, n'a rien à craindre durant la paix et encore moins durant la guerre, si la guerre doit occuper ses instants. Le vaisseau de l'État, ancré sur ses huit millions de Français, ne peut aller en dérive par suite des vents du large et des brises de terre. Le pilote ne sera jamais en défaut, parce qu'il ne cherche pas la tempête, et, si celle-ci venait l'assaillir, il saurait l'affronter avec son équipage obéissant, fidèle et brave.

.Le gouvernement de Napoléon III, fondé sur l'assentiment national, peut avoir une longue durée, et asseoir même sa dynastie sur un trône triplement disputé. Ce monarque a tout en lui pour concilier les intérêts du peuple qui l'a proclamé avec les devoirs de la couronne et l'honneur de la nation. Nous concluons donc en disant que la paix est un besoin de l'Empire que Napoléon doit maintenir; et la guerre en sera la gloire, s'il est obligé d'en soutenir le poids.

Marquis CUNÉO D'ORNANO.

8 — Paris, imprimerie Guiraudet et Jouaust, rue Saint-Honoré, 338.